BEI GRIN MACHT SI WISSEN BEZAHLT

- Wir veröffentlichen Ihre Hausarbeit, Bachelor- und Masterarbeit

- Ihr eigenes eBook und Buch - weltweit in allen wichtigen Shops

- Verdienen Sie an jedem Verkauf

Jetzt bei www.GRIN.com hochladen und kostenlos publizieren

Bibliografische Information der Deutschen Nationalbibliothek:

Die Deutsche Bibliothek verzeichnet diese Publikation in der Deutschen National-
bibliografie; detaillierte bibliografische Daten sind im Internet über http://dnb.d-
nb.de/ abrufbar.

Dieses Werk sowie alle darin enthaltenen einzelnen Beiträge und Abbildungen
sind urheberrechtlich geschützt. Jede Verwertung, die nicht ausdrücklich vom
Urheberrechtsschutz zugelassen ist, bedarf der vorherigen Zustimmung des Verla-
ges. Das gilt insbesondere für Vervielfältigungen, Bearbeitungen, Übersetzungen,
Mikroverfilmungen, Auswertungen durch Datenbanken und für die Einspeicherung
und Verarbeitung in elektronische Systeme. Alle Rechte, auch die des auszugsweisen
Nachdrucks, der fotomechanischen Wiedergabe (einschließlich Mikrokopie) sowie
der Auswertung durch Datenbanken oder ähnliche Einrichtungen, vorbehalten.

Impressum:

Copyright © 2015 GRIN Verlag, Open Publishing GmbH
Druck und Bindung: Books on Demand GmbH, Norderstedt Germany
ISBN: 9783668252493

Dieses Buch bei GRIN:

http://www.grin.com/de/e-book/334600/organisationsstruktur-von-behoerden-
ursachen-von-veraenderungen-am-beispiel

Jeanette Dahlman

Organisationsstruktur von Behörden. Ursachen von Veränderungen am Beispiel eines Bürgerbüros

GRIN Verlag

GRIN - Your knowledge has value

Der GRIN Verlag publiziert seit 1998 wissenschaftliche Arbeiten von Studenten, Hochschullehrern und anderen Akademikern als eBook und gedrucktes Buch. Die Verlagswebsite www.grin.com ist die ideale Plattform zur Veröffentlichung von Hausarbeiten, Abschlussarbeiten, wissenschaftlichen Aufsätzen, Dissertationen und Fachbüchern.

Besuchen Sie uns im Internet:

http://www.grin.com/

http://www.facebook.com/grincom

http://www.twitter.com/grin_com

Ursachen von Veränderungen in der Organisationsstruktur von Behörden am Beispiel der Einrichtung des Bürgerbüros der Stadt X

Sommersemester 2015

Fachbereich Wirtschaftswissenschaften

Hausarbeit

INHALTSVERZEICHNIS

Hinweise

In der vorliegenden Arbeit erfolgt die Quellenangabe in Fußnoten als Kurzbeleg. Im Quellenverzeichnis wird der Vollbeleg ausgewiesen.

Zur besseren Lesbarkeit wird die männliche Schreibweise verwendet. Soweit nicht explizit ausgewiesen, ist in dieser Schreibweise sowohl die männliche als auch die weibliche Form gemeint.

Verwendete Abkürzungen gelten sowohl für die Verwendung in der Einzahl als auch in der Mehrzahl.

Zur Wahrung der Anonymität im Rahmen der Veröffentlichung dieser wissenschaftlichen Arbeit wird die als Fallbeispiel verwendete Kommunalverwaltung im Folgenden mit „Stadt X" bezeichnet. Abbildungen und Verweise in Quellenangaben, durch die Rückschlüsse auf die betrachtete Kommunalverwaltung gezogen werden können, wurden entfernt bzw. geschwärzt. Weiterhin wird der Namen des Interviewpartners aus dem Experteninterview durch die allgemeine Bezeichnung „Interviewpartner" anonymisiert. In Quellenangaben wird der Verweis „Experteninterview" verwendet.

ABKÜRZUNGSVERZEICHNIS

bspw.	beispielsweise
d. h.	das heißt
ebd.	ebenda
f.	folgende
ff.	fortfolgende
Hess.	Hessisches
Hrsg.	Herausgeber
KGSt	Kommunale Gemeinschaftsstelle für Verwaltungsmanagement
NPM	New Public Management
NSM	Neues Steuerungsmodell
S.	Seite
u. a.	unter anderem
vgl.	vergleiche
z. B.	zum Beispiel

ABBILDUNGSVERZEICHNIS

1. Zielsetzung und Aufbau der Arbeit

Das Ziel der vorliegenden Hausarbeit ist es, die Ursachen von Veränderungen in der Organisationsstruktur von Behörden mit Hilfe der drei Formen des Isomorphismus nach DiMaggio und Powell aufzuzeigen. Dies wird anhand der Einrichtung des Bürgerbüros der Stadt X dargestellt und bewertet.

Die sich daran anschließende forschungsrelevante Frage lautet, inwiefern sich die Einrichtung des Bürgerbüros der Stadt X mit Hilfe der drei Formen des Isomorphismus erklären lässt. Die Erörterung der Fragestellung basiert auf dem organisationssoziologischen Ansatz des Neo-Institutionalismus[1]. Die vorliegende Arbeit erhebt dabei keinen Anspruch auf die Durchführung einer umfassenden Organisationsforschung. Vielmehr wird ein wissenschaftlicher Beitrag zur Wirkung institutioneller Umweltkomponenten auf die Verwaltungsorganisation geleistet. Dazu wird ausschließlich die Formalstruktur bzw. Aufbauorganisation beleuchtet. Auf die Aktivitätsstruktur bzw. Ablauforganisation wird nicht eingegangen. Aufgrund der gewählten Untersuchungseinrichtung beschränken sich die Erkenntnisse der vorliegenden Arbeit auf die kommunale Ebene. Grundlegende Kenntnisse über organisationstheoretische Grundbegriffe werden vorausgesetzt.

Der Aufbau der vorliegenden Hausarbeit ist zielorientiert und untergliedert die Arbeit in vier Kapitel. Die Zielsetzung dieser Arbeit, sowie die daraus abgeleitete Forschungsfrage wurden bereits konkretisiert. Im Hauptteil der Arbeit wird zunächst anhand aktueller Literatur und Artikeln aus Fachzeitschriften ein theoretischer Bezugsrahmen zur Thematik hergestellt. Dazu wird das grundlegende Verständnis zentraler Begriffe geklärt und diese entsprechend ihrer Verwendung im Rahmen der vorliegenden Arbeit eingegrenzt. Anschließend werden die drei Formen des Isomorphismus nach DiMaggio und Powell erläutert. Den Schwerpunkt bildet die Fallstudie, anhand derer die in der Theorie beleuchteten Mechanismen der Angleichung von Organisationsstrukturen untersucht und kritisch bewertet werden. Die Erkenntnisse hierzu wurden methodisch mit Hilfe eines Experteninterviews mit der Amtsleiterin des Bürgerbüros eruiert. Zudem dienen als wissenschaftlicher Beleg interne Projektunterlagen sowie Presseartikel der regionalen Zeitung. Mit einer abschließenden Betrachtung werden die wesentlichen Erkenntnisse rückblickend reflektiert und ein Fazit gezogen.

---

[1] Im Rahmen dieser Arbeit ist immer der soziologische Neo-Institutionalismus gemeint, wenn von „Neo-Institutionalismus" die Rede ist.

1

2. Einordnung in den soziologischen Neo-Institutionalismus

In diesem Kapitel wird der Untersuchungsgegenstand aus der Perspektive des soziologischen Neo-Institutionalismus betrachtet. Dazu werden die zentralen Begriffe dieser Arbeit in den Kontext der wissenschaftlichen Literatur gestellt sowie eine notwendige Eingrenzung vorgenommen. Weiterhin werden die drei Formen des Isomorphismus erläutert.

2.1 Eingrenzung und Begriffsdefinitionen

Es existiert eine Vielzahl organisationstheoretischer Ansätze mit jeweils unterschiedlichen Ausprägungen. Eine Übersicht ist in Abbildung 1 auf der folgenden Seite dargestellt. Warum es so viele verschiedene Organisationstheorien gibt, ist u. a. mit dem breiten Spektrum an Untersuchungsfeldern sowie der Betrachtung aus verschiedenen Wissenschaftsverständnissen begründet.[2] Organisationstheorien beschreiben die *„Existenz und Gestaltung von Organisationen"* und erarbeiten Erklärungsansätze, die dazu beitragen, die Struktur und Funktionsweise von Organisationen zu erkennen und zu verstehen.[3]

Der Begriff der Institution und die mit ihm verbundenen Theorieperspektiven gewinnen in den Sozialwissenschaften seit einiger Zeit an Bedeutung und haben zu einer regelrechten *„Renaissance des Institutionalismus"*[4] geführt. Gemeint sind Ansätze wie der Neo-Institutionalismus innerhalb der Soziologie. Anhand des Verständnisses des soziologischen Neo-Institutionalismus *(engl. New Institutionalism)* wird im Rahmen dieser Arbeit die Beantwortung der Forschungsfrage hergeleitet. Hierbei handelt sich im weiteren Sinne um einen soziotechnischen Ansatz, der den systemtheoretischen Ansätzen zugeordnet wird. Zu den bedeutendsten Vertretern des neo-institutionalistischen Ansatzes zählen u. a. DiMaggio und Powell sowie Meyer und Rowan.[5]

---

[2] Vgl. Scherer/Marti (2014), S. 15 f.
[3] Vgl. Bühner (2004), S. 103; ebenso Scherer/Marti (2014), S. 15.
[4] Mayntz/Scharpf (1995), S. 40.
[5] Vgl. hierzu u. a. DiMaggio/Powell (1991) sowie Meyer/Rowan (1977).

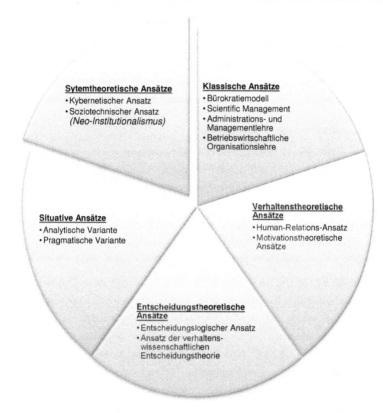

Abbildung 1: Organisationstheoretische Ansätze[6]

Die Neo-Institutionalisten gehen davon aus, dass Organisationen ihre Strukturen entsprechend den Anforderungen und Erwartungen in ihrer gesellschaftlichen Umwelt gestalten. In modernen Gesellschaften bestehen Vorstellungen, Regeln und Annahmen darüber, wie effektive und effiziente Organisationen ausgestaltet sein sollen. Das bedeutet konkret, dass viele in Organisationen vorzufindende Programme, Abteilungen und Verfahrensweisen in Reaktion auf die Forderungen und Erwartungen wichtiger Anspruchsgruppen in der Umwelt eingerichtet werden.[7] Im Rahmen dieser Arbeit werden unter Organisationen Kommunalverwaltungen verstanden, als deren „wichtige" Anspruchsgruppe die Bürger als Verwaltungskunden betrachtet werden. Auf das Organisationsverständnis sowie den zentralen Begriff „Institution" im Rahmen des Neo-Institutionalismus kann aufgrund des be-

---

[6] In Anlehnung an Vahs (2012), S. 26.
[7] Vgl. Walgenbach (2014), S. 295 f.

grenzten Umfangs dieser Arbeit nicht explizit eingegangen werden. Es wird an dieser Stelle auf die Literatur verwiesen.[8]

Ein zentrales Argument in neo-institutionalistischen Ansätzen ist, dass Veränderungen in der Formalstruktur von Organisationen, der Aufbauorganisation, nicht allein durch den Wettbewerb oder durch Effizienzerfordernisse, sondern zunehmend durch Erwartungen und Anforderungen in der Umwelt der Organisation vorgegeben werden. Es liegt somit eine institutionelle Umwelt vor, in der Organisationen Konformität mit institutionalisierten Regeln zeigen müssen, um von ihrer Umwelt Legitimität[9] zugesprochen zu bekommen. Durch die Formalstruktur wird somit im Hinblick auf das Erreichen von Legitimität dokumentiert, dass den in der gesellschaftlichen Umwelt institutionalisierten Überzeugungen und Normen entsprochen wird. Organisationsstrukturen sind demnach ein Resultat der Verarbeitung von Legitimitätserwartungen. Aufgrund dieser Vorgehensweise ist die Existenz der Organisation gesichert, da Legitimität nach neo-institutionalistischer Auffassung die Überlebensfähigkeit steigert.[10] Nach Auffassung von Scott ist davon auszugehen, dass Organisationen gewisse Wahlmöglichkeiten haben, auf welche ihrer institutionellen Umwelten sie mit welchen Veränderungen ihrer organisatorischen Strukturen reagieren. Anders formuliert: Organisationen müssen sich bei widersprechenden institutionellen Anforderungen entscheiden, welchen sie folgen.[11]

Neben dem zentralen Aspekt „Legitimität" stehen beim Neo-Institutionalismus die Gemeinsamkeiten und Prozesse der Angleichung von Organisationen (Isomorphie) im Vordergrund. Isomorphie ist eine

> „Bezeichnung für eine Beziehung zwischen zwei Systemen von Elementen, die dann vorliegt, wenn beide Strukturen der Elemente umkehrbar eindeutig aufeinander abbildbar sind [...]."[12]

Übertragen auf den vorliegenden Kontext, handelt es sich bei Isomorphie um eine Entwicklung, in der sich strukturelle Merkmale von Organisationen angleichen, welche in gleichartigen oder gar in denselben gesellschaftlichen Umwelten verfahren.[13] DiMaggio und Powell haben den Begriff „organisationale Felder" geprägt, welche Gruppen von Or-

---

[8] Siehe hierzu u. a. Donges (2006), Mense-Petermann (2006), S. 62-74 sowie Senge (2006), S. 35-47.

[9] Legitimität ist in der Soziologie eine „allgemeine Bezeichnung dafür, dass herrschende, politische Bewegungen und Institutionen aufgrund ihrer Übereinstimmung mit Gesetzen, Verfassungen, Prinzipien oder aufgrund ihrer Leistungsfähigkeit für allgemein anerkannte Ziele akzeptiert, positiv bewertet und für rechtmäßig gehalten werden." (Fuchs-Heinritz (2011), S. 401).

[10] Vgl. Walgenbach (2014), S. 302, 307 f; ebenso Donges (2006), S. 570; ebenso Hasse (2003), S. 61.

[11] Vgl. Scott (1991), S. 167.

[12] Rönsch (2011), S. 326.

[13] Vgl. Hasse (2003), S. 62.

ganisationen wie z. B. Verwaltungsbehörden darstellen.[14] Weist das organisationale Feld ein hohes Maß an Strukturierung auf, reduzieren sich die Unterschiede zwischen den Organisationen. Folglich beginnen durch die Herausbildung eines solchen Feldes Kräfte zu wirken, die dazu führen, dass sich Organisationen innerhalb dieses Feld immer stärker angleichen. Organisationen werden isomorph, strukturgleich.[15]

Im nächsten Abschnitt wird in Anlehnung an DiMaggio und Powell zwischen drei Mechanismen des Isomorphismus differenziert, die kausal für Veränderungen in der Organisationsstruktur sein können.

---

[14] Vgl. Walgenbach (2014), S. 309.
[15] Ebd., S. 310.

2.2 Formen des Isomorphismus

Die Strukturangleichung von Organisationen kann nach DiMaggio und Powell aufgrund von drei Mechanismen erfolgen. Diese sind in Abbildung 2 mit ihren wesentlichen Merkmalen dargestellt und werden im Anschluss erläutert.

Formen des Isomorphismus		
Zwang (coercive isomorphism)	**Imitation** (mimetic processes)	**normativer Druck** (normative pressure)
- Gesetzliche Verpflichtung - Formeller und informeller Druck - Erwartungen und Anforderungen der Gesellschaft	- Orientierung an anderen Organistionen - Reaktion auf Unsicherheit - "Best-practice-Modelle"	- Bestimmte Berufsgruppen - Zunehmende Professionalisierung

Abbildung 2: Formen des Isomorphismus[16]

Bei der ersten Form, der Isomorphismus durch **Zwang**, resultiert die Angleichung insbesondere aus gesetzlichen Verpflichtungen. Zwang kann aber auch darin bestehen, dass auf eine Organisation Druck z. B. durch einen politisch motivierten Einfluss ausgeübt wird. Zudem kann die Strukturangleichung in diesem Fall auch durch bestehende Erwartungen und Anforderungen in einer Gesellschaft begründet sein.[17] Der Mechanismus kann sowohl von außen, von ihrer Umwelt, als auch von innen, von den Teilnehmern ausgehen.[18] *„Such pressures may be felt as force, as persuasion, or as invitations to join in collusion.“*[19]

Weiterhin werden Organisationen oft imitiert, die innerhalb eines organisationalen Feldes eine zentrale Stellung haben. Walgenbach beschreibt: *„Organisationen orientieren sich in der Gestaltung der Strukturen und Prozesse an anderen Organisationen.“*[20] Es handelt sich hierbei um den Isomorphismus durch **mimetische Prozesse bzw. Imitation**. Dieser Mechanismus kommt insbesondere dann zum Tragen, wenn Organisationen als Reaktion auf Unsicherheit wie z. B. unklare Ziele und unsichere Umweltbedingungen bestimmte Strukturen und Praktiken von anderen Organisationen übernehmen, die als erfolgreich

---

[16] In Anlehnung an DiMaggio/Powell (1991), S. 67-74.
[17] Vgl. Walgenbach (2014), S. 310.
[18] Vgl. Donges (2006), S. 571.
[19] DiMaggio/Powell (1991), S. 67.
[20] Walgenbach (2014), S. 311.

und legitim gelten („Best-practice-Modelle").[21] Walgenbach vermutet, je unsicherer die Beziehungen zwischen Zwecken und Mitteln seien, je weniger eindeutig die Ziele der Organisation seien und je mehr Unsicherheit von der Umwelt ausginge, umso stärker sei das Ausmaß, in dem Organisationen ihre Strukturen nach dem Vorbild anderer gestalten.[22]

Der dritte Mechanismus, Isomorphie durch **normativen Druck**, wird nach Interpretation von DiMaggio und Powell vor allem von bestimmten Berufsgruppen erzeugt, die nach Autonomie, Kontrolle und Legitimation streben.[23] Das heißt, die Strukturangleichung erfolgt im Zuge von

> „collective struggle of members of an occupation to define the conditions and methods of their work, to control, the production of producers' [...], and to establish a cognitive base and legitimation for their occupational autonomy".[24]

Folglich steht die Strukturangleichung durch normativen Druck in einem engen Zusammenhang mit der zunehmenden Professionalisierung in modernen Gesellschaften. Durch sie kommt es zur „Definition von Normen, Richtlinien, [..] und Standards [...] der 'richtigen' Organisationen [...]."[25] Als Ursache dafür sieht Walgenbach die Ausbildungsinstitute, in denen gemeinsame Denkhaltungen entwickelt, sowie Normen und Modelle des Organisierens vermittelt werden. Die Professionen selbst sind jedoch den beiden anderen Mechanismen – Zwang und mimetische Prozesse – ebenso ausgesetzt wie andere Organisationen.[26]

Alle drei Varianten der Isomorphie deuten darauf hin, dass sich das Forschungsinteresse des Neo-Institutionalismus auf normativ oder strategisch bedeutsame Umweltbezüge richtet. Dabei geht es insbesondere um Vorstellungen richtiger oder angemessener Organisationsformen, wobei Organisationsstrukturen eine Tendenz dahingehend aufweisen, mit Vorgaben gesellschaftlicher Umwelt übereinzustimmen.[27] Allerdings kann es problematisch werden, wenn es sich um gegensätzliche oder gar unvereinbare Erwartungen handelt. Dann muss die Organisation entscheiden, ob sie mit weniger legitimierter Unterstützung zufrieden ist, weil sie den Anforderungen nicht entspricht oder ob sie mit allen Mitteln versucht den Erwartungen zu entsprechen, um somit die maximale Legitimität zuge-

---

[21] Vgl. Donges (2006), S. 571 ff.
[22] Vgl. Walgenbach (2014), S. 311.
[23] Vgl. Donges (2006), S. 572.
[24] DiMaggio/Powell (1991), S. 70.
[25] Becker-Ritterspach/Becker-Ritterspach (2006), S. 110.
[26] Vgl. Walgenbach (2014), S. 312 f.
[27] Vgl. Hasse (2003), S. 63 f.

sprochen zu bekommen.[28] Im Zusammenhang mit diesem Dilemma ist die Entkopplungsthese von Bedeutung, der zufolge die Trennung von Formal- und Aktivitätsstruktur verstanden wird. Dadurch wird es einer Organisation ermöglicht, widersprüchlichen Umweltanforderungen gleichzeitig gerecht zu werden. Allerdings ist diese These bei DiMaggio und Powell weniger relevant, da sie die Homogenisierungseffekte sowohl auf formale Strukturen als auch innere Aktivitäten in Organisationen beziehen.[29] Wie Organisationen letztendlich auf institutionelle Umwelten reagieren, das heißt wie Organisationen zu bestimmten Entscheidungen gelangen und welche Konsequenzen diese Entscheidungen dann haben, ist ein zentrales Thema der Organisationsforschung, welche nicht Gegenstand dieser Arbeit ist.

Der wissenschaftliche Forschungsstand zeigt, dass anhand des organisationssoziologischen Ansatzes des Neo-Institutionalismus eine empirische Analyse öffentlicher Organisationen stattfindet, anhand derer Umstrukturierungen von Organisationen abgeleitet werden können. Im Folgenden wird als Phänomen der Umgestaltung der Aufbauorganisation, als Modernisierungsinstrument auf kommunaler Ebene, die Einrichtung des Bürgerbüros der Stadt X betrachtet. Inwieweit aus praktischer Perspektive in diesem Zusammenhang die drei aufgezeigten Mechanismen als Ursache für die Veränderung der Organisationsstruktur zutreffen, wird im folgenden Kapitel evaluiert.

---

[28] Vgl. Brunsson zitiert nach Hasse (2003), S. 65.
[29] Vgl. Becker-Ritterspach/Becker-Ritterspach (2006), S. 102 f., 111.

3. Fallstudie „Einrichtung Bürgerbüro der Stadt X"

In diesem Kapitel werden anhand der Fallstudie „Einrichtung Bürgerbüro der Stadt X" die Mechanismen der Angleichung von Organisationsstrukturen, als Merkmal der neoinstitutionalistischen Organisationstheorie, bewertet.

Zunächst wird das methodische Vorgehen erläutert und die Auswahl der Fallstudie in Bezug auf den wissenschaftlichen Forschungsstand begründet. Anschließend wird das Konzept „Bürgerbüro" vorgestellt und die Ursachen zur Veränderung der Organisationsstruktur aufgezeigt. Abschließend erfolgt eine kritische Bewertung hinsichtlich der im Theorieteil erläuterten Formen des Isomorphismus.

3.1 Methodisches Vorgehen

Die Fallstudie „Einrichtung Bürgerbüro der Stadt X" wird in der vorliegenden Arbeit aus folgendem Anlass gewählt:

Im Rahmen der Verwaltungsreform *„New Public Management"* (NPM) stehen die Institutionen der öffentlichen Verwaltung und ihr Umfeld im Mittelpunkt. Für die deutschen Kommunalverwaltungen hat die KGSt die Grundsätze des NPM aufgegriffen und das *„Neue Steuerungsmodell"* (NSM) Anfang der 1990er-Jahre entwickelt.[30] Die Verwaltung ist in ihr Umfeld eingebettet und dabei wirkungsorientiert ausgestaltet. Die Wirkungsorientierung hat sich aufgrund der sich verändernden Rahmenbedingungen wie wandelnde Verwaltungsaufgaben und steigende Kundenanforderungen als Legitimitätserfordernis herausgebildet.[31]

Aufgrund der fortwährenden Umweltveränderungen befindet sich die öffentliche Verwaltung in einem ständigen Anpassungsprozess, der u. a. Auswirkungen auf die Organisationsstrukturen hat.[32] Laut der Studie *„10 Jahre Neues Steuerungsmodell – Evaluation kommunaler Verwaltungsmodernisierung"* von der Hans-Böckler Stiftung aus dem Jahr 2005 kam es infolge des NSM bei 85% der Kommunen zu organisatorischen Veränderungen, welche eine bessere Kundenorientierung aufweisen.[33] Als Erfolgsprojekt können Bürgerbüros angesehen werden. Der Anteil von Städten mit über 50.000 Einwohnern, in denen es Bürgerbüros gibt, liegt bei weit über 80%.[34] Die Stadt X ist in dieser Größen-

---

[30] Vgl. KGSt (Hrsg.) (o.J.).
[31] Vgl. Schedler/Proeller (2011), S. 6, 9.
[32] Vgl. Gourmelon et al. (2011), S. 263.
[33] Vgl. KGSt (Hrsg.) (2007), S. 33.
[34] Vgl. Bogumil/Grohs/Kuhlmann (2011), S. 559.

klasse einzuordnen.[35] Daher wird deren Bürgerbüro im Folgenden als Untersuchungseinrichtung herangezogen.

Die Untersuchung basiert auf folgenden Leitfragen:

- Welche Organisationsstruktur weist das Bürgerbüro auf?
- Welche Ursachen haben zur Einrichtung des Bürgerbüros geführt?

Als Erhebungsinstrument wurde das Experteninterview[36], eine Methode der qualitativen
Forschung gewählt, da es für eine Fallstudie geeignet ist. Weiterhin basieren die Erkenntnisse auf internen Projektunterlagen sowie Presseartikeln der regionalen Zeitung.

3.2 Konzept „Bürgerbüro"

Das Bürgerbüro der Stadt X wurde im Mai 2000 eingerichtet. Damit wurde das politische
Versprechen des damals amtierenden Oberbürgermeisters zu Beginn seiner Amtszeit
realisiert.[37] Idee war es eine Vielzahl von städtischen Leistungen zusammenzufassen, die
bisher nur in den jeweiligen Fachämtern angeboten wurden. Ziel war es effektiveres Arbeiten und kürzere Wege für die Bevölkerung zu erreichen.[38] Das Bürgerbüro ist zur zentralen Anlaufstelle für die Bürger der Stadt X und „Aushängeschild" der gesamten Stadtverwaltung geworden.

Mit dem Konzept „Bürgerbüro", das durch die eigene Verwaltung in Form einer Projekt-
gruppe, erarbeitet wurde, sind einige organisatorische Änderungen verbunden gewesen.[39]
Es wurde ein eigenständiges Amt mit der Bezeichnung „Amt 15" bzw. „Bürgerbüro" bei
der Stadt X eingerichtet. Dieses ist dem Bereich „Allgemeine Verwaltung" angegliedert
und dem Dezernat 1, das dem Oberbürgermeister unterstellt ist, zugeordnet.[40] Die Dokumentation der formalen Organisationsstruktur, die sog. Aufbauorganisation, des Bürgerbüros der Stadt X ist mit Hilfe der Darstellungstechnik des Organigramms in Abbildung 3 auf
der folgenden Seite dargestellt.

---

[35] Die Stadt X hat eine Einwohnerzahl von 65.234 (vgl. Hess. Statistisches Landesamt (Hrsg.) (2014)).
[36] Siehe hierzu Anlage A 1 „Interviewleitfaden", S. 22.
[37] Vgl. Stadt X (Hrsg.) (2000); ebenso N.N. (2000a), S. 7; ebenso N.N. (2000b), S. 9.
[38] Vgl. N.N. (2000b), S. 9.
[39] Siehe hierzu Projektteam „Bürgerbüro" (Hrsg.) (1999).
[40] Vgl. hierzu Anlage A 2 „Verwaltungsgliederungs- und Dezernatsplan", S. 23 f.

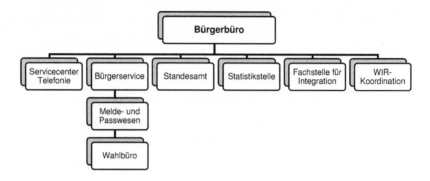

Abbildung 3: Organigramm des Bürgerbüros der Stadt X[41]

Das Amt umfasst aktuell sechs verschiedene Abteilungen, welche miteinander vernetzt sind. Diese sind zuvor teilweise eigene Ämter oder Abteilungen von Ämtern gewesen, die schließlich zu einem Amt zusammengelegt wurden.[42] Auf organisatorische Aspekte aus personeller, räumlicher und technischer Hinsicht wird an dieser Stelle nicht eingegangen, da diese im Wesentlichen die Ablauforganisation tangieren, welche im Rahmen der Arbeit nicht betrachtet wird.

Das Konzept „Bürgerbüro" stellt einen fortlaufenden Prozess dar, bei dem die Dienstleistungen an die sich verändernden Kundenerwartungen angepasst werden. Dabei kann es sowohl zu einer sukzessiven Erweiterung als auch zu einer Reduzierung des Dienstleistungsangebotes entsprechend der Nachfrage kommen.[43] In diesem Zusammenhang wurden seit der Eröffnung des Bürgerbüros immer mehr Dienstleistungen aufgenommen und neue Abteilungen sind entstanden. Eine Übersicht zur historischen Entwicklung der formalen Organisationsstruktur ist als Anlage beigefügt.[44] Die Organisationsstruktur des Bürgerbüros weist mit zwei Hierarchieebenen, Amtsleiter und Sachbearbeiter, eine geringe Leitungstiefe auf. Hingegen ist die Leitungsspanne eher weit gefasst. Dem Amtsleiter als Vorgesetztem sind 23 Mitarbeiter direkt unterstellt. Dies ist zugleich Voraussetzung dafür, dass jeder Mitarbeiter die Berechtigung zur abschließenden Erledigung aller Tätigkeiten hat. Das Konzept weist somit eine Tendenz weg von der Spezialisierung hin zur Generalisierung auf. Dies ist insbesondere vor dem Hintergrund wichtig, dass eine kundennahe, flexible und schnelle Dienstleistungserbringung sichergestellt ist. Schließlich wird im Bürgerbüro, einem sog. Querschnittsamt, schnittstellenorientiert gearbeitet. Je ausgeprägter die Arbeitsteilung, desto höher ist der Abstimmungsaufwand. Aus diesem

---

[41] Eigene Darstellung.
[42] Vgl. Experteninterview (2015).
[43] Ebd.
[44] Siehe hierzu Anlage A 3 „Entwicklung Organisationsstruktur", S. 25.

Grund findet ein regelmäßiger Austausch aller Mitarbeiter in Form von Teambesprechungen statt.[45]

Welche Faktoren sind für die Einrichtung des Bürgerbüros in der Stadt X ursächlich gewesen und haben damit zur Veränderung der Organisationsstruktur geführt? Die wesentlichen Faktoren sind in Abbildung 4 aufgeführt.

Ursachen für die Einrichtung des Bürgerbüros in der Stadt X
Politisches Versprechen
Verwaltungsreform „Neues Steuerungsmodell" (NSM) • Maßnahmen zur Verbesserung des Bürgerservices • Bündelung finanzieller und personeller Ressourcen
Veränderte Rahmenbedingungen/ gesellschaftliche Trends • gestiegene Kundenanforderungen und -erwartungen • Technologiefortschritt
Leit- und Vorbild; Erfolgsprojekt („best practice")
Legitimation • Dokumentation der Dienstleistungsorientierung nach außen

Abbildung 4: Ursachen für die Einrichtung des Bürgerbüros in der Stadt X[46]

Den Grundstein für die Schaffung des Bürgerbüros in der Stadt X hat der ehemals amtierende Oberbürgermeister B. durch die Zielformulierung in seinem Wahlkampf im Jahre 1998 gelegt. Das Bürgerbüro ist somit Resultat eines politisch motivierten Einflusses.[47] Ein weiterer Hauptgrund ist die Verwaltungsreform Anfang der 1990er-Jahre, auf die auch weitere Ursachen zurückzuführen sind. Im Rahmen des Reformkonzeptes NSM hat sich das Leitbild vieler Kommunalverwaltungen gewandelt: Die Kommune als Dienstleistungsunternehmen, die insbesondere eine verstärkte Kundenorientierung anstrebt und den Bürger als Kunden betrachtet.[48] Folglich wurden vielfach Organisationsstrukturen an den Bedürfnissen der Kunden ausgerichtet, was zunehmend in der Einrichtung von Bürgerbüros Ausdruck gefunden hat.[49] Dieser wissenschaftliche Beleg spiegelt die Leitidee und Zielsetzung des Konzeptes „Bürgerbüro" der Stadt X sehr gut wider: Bürgerbüro als Maß-

---

[45] Vgl. Experteninterview (2015).
[46] Eigene Darstellung.
[47] Vgl. N.N. (2000a), S. 7; ebenso N.N. (2000b), S. 9; ebenso Stadt X (Hrsg.) (2000).
[48] Vgl. KGSt (Hrsg.) (2013), S. 9 ff.
[49] Vgl. Bach et al. (2011), S. 528.

nahme zur Verbesserung des Bürgerservices.[50] Für den Kunden wurde eine zentrale Anlaufstelle geschaffen, die alle in einer bestimmten Lebenslage[51] anfallenden Verwaltungsangelegenheiten abwickelt (Lebenslagenprinzip). Zugleich werden finanzielle und personelle Ressourcen gebündelt. Die Umsetzung des auf dem Lebenslagenprinzip basierenden organisatorischen Ansatzes erfolgt durch die Trennung von Front- und Back-Office sowie der Bereitstellung eines Multikanalzugangs, wodurch eine Interaktion über verschiedene Kommunikationskanäle wie z. B. persönliche Vorsprache, Telefon und Internet möglich ist.[52] Die strukturellen Veränderungen im Zuge des NSM sind bedingt durch gesellschaftliche Trends. Das Bürgerbüro ist somit eine Reaktion auf sich verändernde Rahmenbedingungen wie z. B. gestiegene Kundenanforderungen und -erwartungen sowie den Technologiefortschritt. Aufgrund dieses informellen Drucks werden die Strukturen in einem fortlaufenden Prozess an den Bedürfnissen der Kunden ausgerichtet.

Weiterhin stellt die Orientierung an Leit- und Vorbildern im Zuge des NSM eine wesentliche Ursache dar. Die Stadt X hat *„das Rad nicht neu erfunden"*, heißt es in einem Kommentar zu einem Zeitungsartikel anlässlich der Eröffnung des Bürgerbüros. Mit dessen Einrichtung würde die Verwaltung einem Trend der Zeit folgen.[53] *Der Interviewpartner berichtet, dass die ersten Bürgerbüros in Großstädten Ende der 1990er-Jahre geschaffen worden seien. Im Laufe der Zeit sei ein Nachahmungseffekt bei kleineren Kommunen aufgetreten, da sich das Bürgerbüro zu einem bewährten Erfolgsprojekt („best practice") etabliert habe. Die Aufgaben seien allerdings nicht überall identisch, sondern individuell an den Bedarf angepasst.[54]* Auch das NSM selbst orientiert sich an Vorbildern aus dem Bereich der Betriebswirtschaft. Der öffentliche Sektor übernimmt teilweise die Organisationsstrukturen von privatwirtschaftlichen Unternehmen.

Nicht zuletzt ist ein für die Einrichtung des Bürgerbüros bedeutender und entscheidender Faktor die Legitimation der Gesellschaft. Das Bürgerbüro fungiert gewissermaßen als Instrument zur Dokumentation der Dienstleistungsorientierung nach außen. Das Bürgerbüro ist ein für den Verwaltungskunden sichtbarer Teil der Verwaltungsmodernisierung, das „Aushängeschild" der Stadtverwaltung.

Im nächsten Abschnitt folgt eine kritische Auseinandersetzung mit der Forschungsfrage. Dazu werden die zuvor erläuterten Ursachen für die Einrichtung des Bürgerbüros der Stadt X in den Kontext der wissenschaftlichen Erkenntnisse gestellt und hinsichtlich der drei Mechanismen des Isomorphismus kritisch gewürdigt.

---

[50] Vgl. Projektteam „Bürgerbüro" (Hrsg.) (1999).
[51] Beispiele für Lebenslagen sind: Geburt, Umzug, Eheschließung und Tod (vgl. KGSt (Hrsg.) (1999), S. 13).
[52] Vgl. Fischer (2012), S. 302. f.
[53] N.N. (2000a), S. 7.
[54] Experteninterview (2015).

3.3 Kritische Würdigung

Inwiefern lassen sich die im Rahmen der Fallstudie aufgezeigten und erläuterten Ursachen für die Einrichtung des Bürgerbüros der Stadt X den drei Mechanismen

- Zwang,
- mimetischer Prozess bzw. Imitation und
- normativer Druck

zuordnen?

Die Einrichtung des Bürgerbüros der Stadt X lässt sich zum einen durch den Mechanismus „Isomorphie durch Zwang" erklären. Es gibt zwar keine maßgebenden gesetzlichen Verpflichtungen, jedoch hat ein zwanghafter Druck bestanden, der im Fall der Stadt X durch einen politisch motivierten Einfluss begründet gewesen ist. Die Schaffung des Bürgerbüros wurde im Wahlkampf versprochen. Weiterhin ist die Stadt X aufgrund der steigenden Kundenanforderungen und -erwartungen als Folge gesellschaftlicher Trends und Technologiefortschritte gezwungen gewesen ihre Organisationsstrukturen anzugleichen. Eine Verwaltung, welche die Erwartungen von Kunden an Service und Qualität von Verwaltungsdienstleistungen nicht erfüllt, erscheint nicht mehr zeitgemäß. Bürgerbüros repräsentieren eine kundenorientierte und moderne öffentliche Verwaltung.[55]

Darüber hinaus ist die Einrichtung des Bürgerbüros auch auf den Isomorphismus durch einen mimetischen Prozess zurückzuführen. Die Stadt X hat eine Struktur übernommen, die sich in Großstädten Anfang der 1990er-Jahre als erfolgreich und legitim bewährt hat. Sie hat sich an anderen Kommunen orientiert und ein sog. „Best-practice-Modell" imitiert. Ein Grund für dieses Vorgehen ist sicherlich die Möglichkeit der Vergleichbarkeit mit anderen Kommunen. Ursachen, die sich mit dem Mechanismus „Isomorphie durch normativen Druck" erklären lassen, sind im Fall der Stadt X nicht gegeben.

Die Stadt X orientiert sich an institutionellen Umwelten, weil im Fokus des gesamten Verwaltungshandelns das Streben nach Legitimität steht.[56] Dies führt nach Auffassung der Neo-Institutionalisten zur Isomorphie von Organisationen und deren Umwelt. Allerdings ist bei der Einrichtung von Bürgerbüros auf kommunaler Ebene lediglich eine Angleichung der formalen Organisationsstruktur erkennbar. Die Aktivitätsstruktur kann erhebliche Unterschiede zwischen den Verwaltungen aufweisen.[57]

Abschließend werden im nächsten Kapitel die wesentlichen Erkenntnisse dieser Arbeit zusammengefasst und ein Fazit gezogen.

---

[55] Vgl. Tietz (2015), S. 153.
[56] Vgl. Experteninterview (2015).
[57] Vgl. Meyer/Rowan zitiert nach Walgenbach (2014), S. 319.

4. Fazit

Das Ziel dieser Arbeit war es, die Ursachen von Veränderungen in der Organisationsstruktur von Behörden mit Hilfe der drei Formen des Isomorphismus nach DiMaggio und
Powell aufzuzeigen. Darüber hinaus sollte untersucht werden, inwiefern sich die Einrichtung des Bürgerbüros der Stadt X mit diesen drei Mechanismen erklären lässt.

Die Aufbereitung der wissenschaftlichen Literatur hat ergeben, dass die drei Mechanismen des soziologischen Neo-Institutionalismus ein Erklärungsansatz für die Strukturangleichung von Organisationen liefert. Im Rahmen der Fallstudie konnten Parallelen zwischen den Ursachen für die Einrichtung des Bürgerbüros der Stadt X und dem Theorien-
ansatz identifiziert werden. Die Strukturangleichung in Bezug auf die Einrichtung des Bürgerbüros bei der Stadt X lässt sich aus Zwängen und einem mimetischen Prozess institutioneller Umweltkomponenten erklären. Allerdings bleiben die Homogenisierungseffekte,
entgegen der Auffassung nach DiMaggio und Powell, auf die formale Struktur begrenzt.

Zudem ist kritisch anzumerken, dass die in der spezifischen Fallstudie erläuterten Ursachen, welche zur Angleichung der Organisationsstruktur geführt haben, nicht automatisch
auf andere Kommunen übertragbar sind. Es können keine allgemeingültigen Aussagen
abgeleitet werden, sodass die wissenschaftlichen Erkenntnisse dieser Arbeit begrenzt
sind.

Quellenverzeichnis

Bach, Tobias/ Jantz, Bastian/ Veit, Sylvia (2011)	Verwaltungspolitik als Politikfeld; in: Blanke, Bernhard/ Nullmeier, Frank/ Reichard, Christoph/ Wewer, Göttrik (Hrsg.): Handbuch zur Verwaltungsreform, Wiesbaden: VS Verlag für Sozialwissenschaften, 4. aktualisierte und ergänzte Auflage, S. 527-536.
Becker-Ritterspach, Florian A.A./ Becker- Ritterspach, Jutta C.E. (2006)	Isomorphie und Entkoppelung im Neo-Institutionalismus; in: Senge, Konstanze/ Hellmann, Kai-Uwe (Hrsg.): Ein- führung in den Neo-Institutionalismus, Wiesbaden: VS Verlag für Sozialwissenschaften, 1. Auflage, S. 102-117.
Bogumil, Jörg/ Grohs, Stephan/ Kuhlmann, Sabine (2011)	Evaluation des Neuen Steuerungsmodells; in: Blanke, Bernhard/ Nullmeier, Frank/ Reichard, Christoph/ Wewer, Göttrik (Hrsg.): Handbuch zur Verwaltungsreform, Wies- baden: VS Verlag für Sozialwissenschaften, 4. aktuali- sierte und ergänzte Auflage, S. 554-562.
Bühner, Rolf (2004)	Betriebswirtschaftliche Organisationslehre, Mün- chen/Wien: R. Oldenbourg Verlag, 10. bearbeitete Aufla- ge.
DiMaggio, Paul J./ Powell, Walter W. (1991)	The Iron Cage Revisted: Institutional Isomorphism and Collective Rationality in Organization Fields; in Powell, Walter W./ DiMaggio, Paul, J.: The New Instituionalism in Organizational Analysis, Chicago/London: The University of Chicago Press, S. 63-82.
Donges, Patrick (2006)	Medien als Institutionen und ihre Auswirkungen auf Or- ganisationen, Perspektiven des soziologischen Neo- Institutionalismus für die Kommunikationswissenschaft; in: Medien & Kommunikationswissenschaft, Jg. 54, Heft 4/2006, S. 563-578.
Fischer, Torsten (2012)	e-Government; in: Paulic, Rainer (Hrsg.): Verwaltungs- management und Organisation, Frankfurt: Verlag für Verwaltungswissenschaft, 2. aktualisierte Auflage, S. 293-324.

Fuchs-Heinritz, Werner (2011)

Legitimität; in: Fuchs-Heinritz, Werner/ Klimke, Daniela/ Lautmann, Rüdiger/ Rammstedt, Otthein/ Stäheli, Urs/ Weischer, Christoph/ Wienold, Hanns (Hrsg.): Lexikon zur Soziologie, Wiesbaden: VS Verlag für Sozialwissenschaften, 5. überarbeitete Auflage, S. 401.

Experteninterview (2015)

Amtsleiterin des Bürgerbüros, Stadt X, vom 02.07.2015.

Gourmelon, Andreas/ Mroß, Michael/ Seidel, Sabine (2011)

Management im öffentlichen Sektor, Organisationen steuern – Strukturen schaffen – Prozesse gestalten, Heidelberg et al.: Verlagsgruppe Hüthig Jehle Rehm GmbH, 1. Auflage

Hasse, Raimund (2003)

Die Innovationsfähigkeit der Organisationsgesellschaft. Organisation, Wettbewerb und sozialer Wandel aus institutionentheoretischer Sicht. Wiesbaden: Westdeutscher Verlag, 1. Auflage.

Hess. Statistisches Landesamt (Hrsg.) (2014)

Bevölkerung der hessischen Gemeinden, Stand 30.09.2014, Online: http://www.statistik-hessen.de/-themenauswahl/bevoelkerung-gebiet/regionaldaten/bevoelkerung-der-hessischen-gemeinden/index.html (vom 13.07.2015).

KGSt (Hrsg.) (1999)

Bürgerämter – eine Materialsammlung, KGSt-Materialien Nr. 8, KGSt: Köln.

KGSt (Hrsg.) (2013)

Das Kommunale Steuerungsmodell (KSM), Bericht Nr. 5, Köln: KGSt.

KGSt (Hrsg.) (2007)

Das Neue Steuerungsmodell: Bilanz der Umsetzung, Bericht Nr. 2, Köln: KGSt.

KGSt (Hrsg.) (o.J.)

Neues Steuerungsmodell, Online: https://www.kgst.de/-themenfelder/organisationsmanagement/organisatorische-grundlagen/neues-steuerungsmodell.dot (vom 12.07.2015).

Mayntz, Renate/ Scharpf, Fritz W. (1995)	Der Ansatz des akteurzentrierten Institutionalismus; in: Mayntz, Renate/ Scharpf, Fritz W. (Hg.): Gesellschaftliche Selbstregelung und politische Steuerung, Frankfurt am Main/ New York: Campus Verlag, S. 39-72.
Mense-Petermann, Ursula (2006)	Das Verständnis von Organisation im Neo-Institutionalismus. Lose Kopplung, Reifikation, Institution; in: Senge, Konstanze/ Hellmann, Kai-Uwe (Hrsg.): Einführung in den Neo-Institutionalismus, Wiesbaden: VS Verlag für Sozialwissenschaften, 1. Auflage, S. 62-74.
Meyer, John W./ Rowan, Brian (1977)	Institutionalized Organizations: Formal Structure as Myth and Ceremony; in: American Journal of Sociology, Vol. 83, 1977, S. 340-363.
Projektteam "Bürgerbüro" (Hrsg.) (1999)	Verbesserung des Bürgerservices; Einrichtung eines Bürgerbüros, Schlussbericht, 31. Mai 1999.
Rönsch, Horst Dieter (2011)	Isomorphie; in: Fuchs-Heinritz, Werner/ Klimke, Daniela/ Lautmann, Rüdiger/ Rammstedt, Otthein/ Stäheli, Urs/ Weischer, Christoph/ Wienold, Hanns (Hrsg.): Lexikon zur Soziologie, Wiesbaden: VS Verlag für Sozialwissenschaften, 5. überarbeitete Auflage, S. 326.
Schedler, Kuno/ Proeller, Isabella (2011)	New Public Management, Bern et al.: Haupt Verlag, 5. korrigierte Auflage.
Scherer, Andreas Georg/ Marti, Emilio (2014)	Wissenschaftstheorie der Organisationstheorie; in: Kieser, Alfred/ Ebers, Mark (Hrsg.): Organisationstheorien, Stuttgart: Verlag W. Kohlhammer, 7. aktualisierte und überarbeitete Auflage, S. 15-42.
Scott, W. Richard (1991)	Unpacking Institutional Arguments; in: Powell, Walter W./ DiMaggio, Paul J. (Hrsg.): The New Institutionalism in Organizational Analysis, Chicago/London: The University of Chicago Press, S. 164–182.

Senge, Konstanze (2006)	Zum Begriff der Institution im Neo-Institutionalismus; in: Senge, Konstanze/ Hellmann, Kai-Uwe (Hrsg.): Einführung in den Neo-Institutionalismus, Wiesbaden: VS Verlag für Sozialwissenschaften, 1. Auflage, S. 35-47.
Stadt X (Hrsg.) (2015)	Dezernatsplan der Stadt X, Stand 01.01.2015.
Stadt X (Hrsg.) (2009)	Verwaltungsgliederungsplan Stadt X, Stand 12.05.2009;
Stadt X (Hrsg.) (2000)	Neue Qualität des Dienstleistungsangebotes der Stadtverwaltung, Bürgerbrief, Nr. 3.
Tietz, Marcel (2015)	Europäisches Verwaltungsmanagement, Ein Vergleich von Hauptstädten neuer und alter Mitgliedstaaten der EU am Beispiel der Bürgerdienste; in: Verwaltung und Management, 21. Jg., Heft 3, S. 154-165.
N.N. (2000a)	Eröffnung des Bürgerbüros / 2000 Gäste beim Tag der offenen Tür. [Quellenangaben für die Veröffentlichung anonymisiert]
N.N. (2000b)	Pläne für die neue Serviceeinrichtung, Bürgerbüro soll Ende Mai eröffnen [Quellenangaben für die Veröffentlichung anonymisiert]
Vahs, Dietmar (2012)	Organisation, Ein Lehr- und Managementbuch, Stuttgart: Schäffer-Poeschel, 8. überarbeitete und erweiterte Auflage.
Walgenbach, Peter (2014)	Neoinstitutionalistische Ansätze in der Organisationstheorie; in: Kieser, Alfred/ Ebers, Mark (Hrsg.): Organisationstheorien, Stuttgart: Verlag W. Kohlhammer, 7. aktualisierte und überarbeitete Auflage, S. 295-345.

Anlagen

A 1 Interviewleitfaden

Die folgenden Leitfragen sind Basis für das Experteninterview mit der Amtsleiterin des Bürgerbüros der Stadt X gewesen.

Leitfragen Interview	
Frage 1	Beschreiben Sie die Organisationsstruktur des Bürgerbüros der Stadt X!
Frage 2	Welche Ursachen gibt es für die Veränderung der Organisationsstruktur der Stadt X in Form der Einrichtung des Bürgerbüros?

A 2 Verwaltungsgliederungs- und Dezernatsplan

In dieser Anlage sind der Verwaltungsgliederungs- sowie Dezernatsplan der Stadt X bei-gefügt.

Der Verwaltungsgliederungsplan basiert auf dem Vorschlag der KGSt, die Verwaltung nach Aufgabenfeldern zu strukturieren. Zentrale organisatorische Größe ist das Amt, das mit einer zweistelligen Ziffer gekennzeichnet ist. Das Amt „Bürgerbüro" enthält die Ziffer 15 und wird dementsprechend auch als „Amt 15" bezeichnet. Es gehört dem Aufgabenfeld „Allgemeine Verwaltung" an.

Abbildung wurde aus Gründen der Anonymisierung

von der Verfasserin herausgenommen

Abbildung A 2.1: Verwaltungsgliederungsplan Stadt X[58]

Der Verwaltungsgliederungsplan gibt allerdings keine Auskunft über die politischen und administrativen Zuständigkeiten innerhalb der Verwaltung. Hier ist in der Regel der De-zernatsverteilungsplan aussagekräftiger.

Abbildung wurde aus Gründen der Anonymisierung

von der Verfasserin herausgenommen

Abbildung A 2.2: Dezernatsplan der Stadt X[59]

Der Dezernatsplan zeigt, dass sich die Stadtverwaltung X horizontal in drei Dezernate gliedert. Im Fall der Stadt X sind der Zuschnitt und die Anzahl der Dezernate politisch mo-tiviert und an den Kenntnissen der Dezernenten orientiert. Somit wird die Leitungsfunktion von den hauptamtlichen Wahlbeamten – Oberbürgermeister, Bürgermeister und Stadt-baurat - wahrgenommen. Die Dezernenten sind die direkten Vorgesetzten der Amtsleiter. Vertikal erfolgt die Gliederung nach Ämtern, Abteilungen und Sachgebieten.

Das „Bürgerbüro" bzw. „Amt 15" ist dem Dezernat 1 zugeordnet, welches dem Oberbür-germeister der Stadt X unterstellt ist.

---

[58] Stadt X (Hrsg.) (2009): Verwaltungsgliederungsplan Stadt X, Stand 12.05.2009
[59] Stadt X (Hrsg.) (2015): Dezernatsplan der Stadt X, Stand 01.01.2015

A 3 Entwicklung Organisationsstruktur

In der folgenden Abbildung wird die historische Entwicklung der formalen Organisationsstruktur des Bürgerbüros der Stadt X dargestellt. Es wird deutlich, dass das Bürgerbüro sich in einem fortlaufenden Prozess befindet und im Laufe der Zeit immer wieder neue Abteilungen entstanden sind.

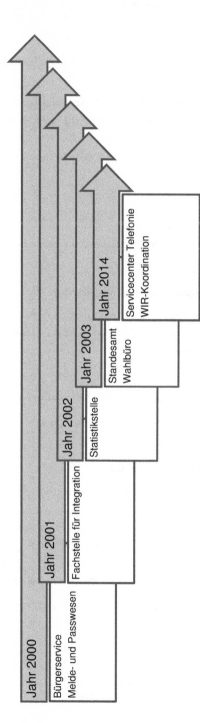

Abbildung A 3: Entwicklung Organisationsstruktur Bürgerbüro der Stadt X[60]

---

[60] Eigene Darstellung.

BEI GRIN MACHT SICH IHR
WISSEN BEZAHLT

- Wir veröffentlichen Ihre Hausarbeit,
  Bachelor- und Masterarbeit

- Ihr eigenes eBook und Buch -
  weltweit in allen wichtigen Shops

- Verdienen Sie an jedem Verkauf

Jetzt bei www.GRIN.com hochladen
und kostenlos publizieren